글 최설희

동국대학교 문예창작학과를 졸업하고 어린이책을 만들고 쓰는 일을 했습니다. 아들에게 들려주고 싶은 재미난 이야기를 발견할 때가 가장 즐겁습니다. 지은 책으로는 〈부자와 거지는 왜 있는 걸까?〉, 〈맑은 언어로 민족의 아픔을 보듬다-윤동주〉 등이 있습니다.

그림 눈감고그리다

홍익대학교 미술대학 동양화과를 졸업하고 김미정그림전(개인전), 독립미술제, 집으로 가는 길(2인전)을 통해 그림을 선보였습니다. 상상아트스튜디오 다이어리 일러스트 및 디자인 작업을 했고 그린 책으로는 〈사춘기 마음을 읽는다〉, 〈농담이 사는 집〉, 〈진링의 일류중학교 입학소동〉, 〈씨앗편지〉, 〈거울은 거짓말쟁이〉 등이 있습니다.

그림 이동승

어린이 만화 잡지에 연재를 시작하면서 데뷔하였습니다. 이후 〈네버랜드의 전설〉, 〈두기두기〉, 〈과학으로 마법 깨기〉 등을 발표하였고, 일러스트 작업물로는 〈꿈을 찾아 떠나는 마시멜로 이야기〉, 〈전쟁사〉, 〈통통 한국사〉 등이 있습니다.

감수 박경

서울대학교 지리학과와 같은 학교 대학원 지리학과를 졸업하고, 미국 캔자스 대학교에서 지형학 박사 학위를 받았습니다. 국립공원연구원, 환경부, 산림과학원, 국토지리정보원 등과 함께 연구를 해 오고 있으며 지금은 성신여자대학교 지리학과 교수로 있습니다.

우리나라 지도책

롤프의 우리나라 여행

상상의집

깊은 숲속, 산타 마을에서는 크리스마스 준비가 한창입니다.
세계 곳곳의 착한 어린이들에게 실수 없이 선물을 나눠 주어야 하니까요.
멋쟁이 산타는 빨간 코 사슴 롤프와 함께 대한민국에 가기로 했어요.

"대한민국은 아시아 대륙의 동쪽 끝에 있단다."
산타가 커다란 세계 지도를 펼쳤지만
롤프는 지도를 볼 줄 몰라 코만 만지작거렸어요.

"사슴 학교에서 지도 보는 법을 배웠을 텐데?"
롤프의 빨간 코가 더욱 새빨개졌어요.
"지도는 장소에 대해 이야기를 하는 그림이야.
지도를 보면 땅이 어떻게 생겼는지 알 수 있지."
"그럼 쉽게 길을 찾을 수 있겠네요."
"그렇지! 그뿐이 아니야. 지도를 보면 그 지역의 자연과 사람들이 사는 모습까지 알 수 있단다."
'대한민국이라……. 어떤 곳일지 정말 궁금한걸?'
롤프의 마음은 이미 대한민국을 날고 있습니다.

딴소리 그만하고 지도를 봐!

지형·기후

서울특별시

서울특별시는 대한민국의 수도야. 천만 명이 넘는 사람이 살고 있지.
수천 년 전부터 한강을 끼고 도시가 생겨서 지금까지도 정치·문화·경제의 중심이 되는 곳이야.

하늘을 날던 산타 할아버지와 롤프는 서서히 땅으로 내려왔어요.
"으악! 내 엉덩이!"
"남산 타워에 엉덩이를 찧렸구나. 지도를 보고 미리 조심했어야지. 껄껄."
"할아버지가 너무 무거워서 그런 거라고요!"
롤프가 볼멘소리로 말했어요.
"그나저나 남산에서는 서울이 한눈에 보이네요."
"한 나라의 수도라 복잡하긴 해도 산과 강을 끼고 있는 아름다운 도시구나."

서울이 한눈에 보이지?

북쪽에는 북한산, 남쪽에는 관악산,
동쪽, 서쪽에도 산이 있어
서울을 감싸네요!

서울은 비교적 따뜻한걸요?
목도리를 푸는 게 어떠세요?

 높은 산이 북쪽에서 부는 찬 바람을
막아 주거든. 대도시라 열섬 현상도 있지.

사람과 건물이 많이 있는 도심은 다른 지역보다 온도가 높지. 이렇게 주변보다 도심의 온도가 높게 나타나는 것을 열섬 현상이라고 해.

서울은 분지 지형이야. 크고 작은 산 가운데 낮은 땅에 도시가 생겼어.

산에 둘러싸여 있어서 아늑해 보여요!

분지란, 주변이 높은 지형으로 둘러싸인 움푹하고 낮은 지형을 가리키는 말이야.

 산 쪽에서 한강 쪽으로 개천이 흐르지.

 안이 움푹한 분지라서 그렇죠?

 신사동은 멋진 신사가 많은 곳인가 봐요?

 모래 사(沙) 자야. 한강 주변에는 강이 운반해 놓은 모래가 많거든.

 서울 중심에는 한강이 지나고 있어. 옛날부터 이 물로 농사를 지으며 살았지.

 지금도 한강에서 낚시하는 사람들이 있네요. 물고기 맛있겠다.

도시 형성

산타 할아버지와 롤프는 서울 한복판에 있는 경복궁에 들어섰어요.
"여기는 조선 시대 궁궐이란다. 조선을 세운 이성계가 이곳을 도읍으로 정했지.
사방이 산으로 둘러싸여 적을 막기에 좋은 곳이라 생각했거든."
산타 할아버지가 경복궁을 둘러싸고 있는 크고 작은 산을 보며 말했어요.
"그런데 할아버지가 입고 있는 그 옷은 뭐예요?"
"조선 시대에 왕이 입던 옷이야. 어때, 잘 어울리지? 껄껄껄!"
산타 할아버지는 자랑을 늘어놓았지만
롤프의 배 속은 꼬르륵거리며 아우성이었어요.
롤프는 조선 시대 왕은 어떤 음식을 먹었을까 무척 궁금했습니다.

나도 왕처럼 기품 있어 보이지 않니?

저도 왕족처럼 보이고 싶다고요!

목동

겨울에는 산이 찬 바람을 막아 주고,
한강과 넓은 들판이 있어서 곡식이 풍부하지.

 그래서 이곳에 도시를 만들었군요.

 한강을 이용하면 농사짓기도
좋고 물자를 나르기도 편했어.

 조선의 수도에서 지금처럼
큰 도시가 된 거군요.

오래전부터 한반도의 중심지였던 서울은
한성, 한양 등 다양한 이름으로 불렸어.

한강은 대한민국에서 물의 양이 가장 많은 곳이
기도 해. 서울은 한반도의 가운데에 위치해 있
고, 한강이 흐르며, 넓은 평야 지대이기도 해서
큰 도시가 들어서기 좋은 곳이야.

북한산
노원
경복궁
남산 타워
한강
여의도
송파
강남
관악산

 중랑천 근처 노원, 안양천 주변 목동,
탄천 근처 강남과 송파에 특히 사람이
많이 사네요.

 개천을 따라 사람들이 모여 살기 시작
했거든.

 서울에는 사람이 정말 많네요!
서울 어린이들에게 선물을 나눠 주려면
정신 바짝 차려야겠어요.

 그러게 말이다. 그래서 서울과 가까운 경기도에
새로운 도시들이 많이 생겼지.

 할아버지, 경기도에 가면
우선 뭘 좀 먹죠?

지형・기후

경기도

서울을 감싸고 있는 경기도는 수도의 여러 기능을 나누어 하고 있어.
서울과 경기도를 합쳐 수도권이라고도 부르지.
산과 바다, 평야를 두루 끼고 있어 다양한 자연환경이 나타난단다.

"더 북쪽으로는 갈 수 없나요?"
롤프가 분단선 위쪽을 가리키며 물었어요.
"거기는 북한이야. 경기도는 북한과 맞닿은 지역이지."
그때였어요. 갑자기 롤프가 코를 벌렁이며 바람처럼 썰매를 몰았어요.
"음식 냄새는 기가 막히게 맡는구나. 여기는 인천이야.
서울로 들어가는 항구라서 옛날부터 외국 상인들이 많이 드나들었지.
그중에서도 중국 상인들이 이곳에 자리를 잡아 마을을 만들었단다."
산타 할아버지의 말이 끝나기도 전에
롤프는 이미 중국집으로 쏙 들어가 버렸습니다.

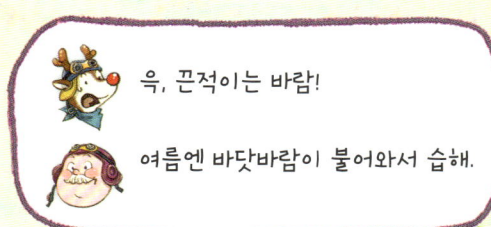

윽, 끈적이는 바람!

여름엔 바닷바람이 불어와서 습해.

강화도

도대체 그 많은 옷을 어떻게 가져오신 거예요?

여기!

 파주에서 임진강과 한강이 만나고 있어요.

바닷물이 밀려 들어오는 곳이라 습지가 많아. 침수 피해도 잦지.

경기도 북부는 땅이 평탄하지 않은 지역이 많고, 서울에 비해 기온도 낮은 편이야. 북한과 가까운 지역이어서 그동안 개발이 잘 이루어지지 않았단다.

 서쪽은 강물이 바다로 흘러나가는 지역이라 평야가 많단다.

 반대로 경기도 동쪽은 산지가 많네요.

강이 지나면서 오랫동안 주변 땅을 깎아 내려 강 주변에는 평평한 땅이 많아. 강 하류에는 강이 날라 온 흙과 모래가 쌓여 평평한 땅이 생기지.

 여기에서도 강 두 줄기가 만나네요?

 북한강과 남한강이 만나는 곳이라서 두물머리(양수리)라고 부르지.

 서해안은 해안선이 들쑥날쑥, 무척 복잡하지?

 바닷물이 높이 차올랐다가 또 쑤욱 빠져나가네요. 갯벌이 무척 신기해요.

경기 북부

"서울은 인구가 많아서 교통 체증이 심했지?"
"맞아요. 경기도는 좀 나을까요?"
하지만 롤프는 빽빽한 아파트 사이를 이리저리 피하느라 진땀을 뺐어요.
자칫하면 아파트에 부딪힐 뻔했답니다.
"그래서 서울과 가까운 곳에 도시들을 개발한 거야.
경기도 북쪽 지역에서는 고양시 일산이 대표적인 신도시지.
경기도는 넓어서 한 번에 둘러보기 힘드니까
북쪽과 남쪽 지역을 나누어 가자꾸나."
롤프는 자칫 크리스마스에 이곳에서 길을 잃을까 걱정이 되었습니다.
지도 공부를 더 열심히 해야겠다고 생각했지요.

할아버지, 살 좀 빼세요!

네 다리가 짧아서 그런 건 아니고?

지형

강원도

강원도는 한반도의 척추라고 불리는 태백산맥과 동해 바다를 끼고 있어.
산과 바다를 모두 품고 있어 산림 자원, 해양 자원이 풍부하지.
태백산맥을 중심으로 동쪽과 서쪽의 지형이 다르고, 기후와 문화까지 달라지기 때문에
태백산맥의 서쪽은 '영서 지방', 동쪽은 '영동 지방'이라고 불러.

고개 영(嶺) 자를 써서 영서 지방, 영동 지방으로 나누지.

롤프가 썰매를 끌며 땀을 삐질삐질 흘렸어요.
"헥헥, 산이 높아서 힘들어요."
"태백산맥은 대한민국에서 가장 높은 산맥이야.
구름이 산맥을 넘지 못해서 산맥 양쪽의 기후가 다르단다. 에휴……."
"그렇구나. 그런데 할아버지는 왜 기운이 없으세요?"
산타 할아버지가 동해 바다를 바라보며 깊은 한숨을 내쉬었어요.
"파도가 높아서 수영을 할 수 없잖니."

휴, 내 새 수영복…….

산골짜기에 두고 갈까?

춘천

가후

롤프가 갑자기 가던 길을 멈추었어요. 롤프의 뿔이 무엇을 느낀 모양이에요.
"북서쪽에서 바람이 불어오네요."
"시베리아로부터 불어오는 차갑고 건조한 바람이야.
어이쿠, 건조한 바람을 맞으면 피부가 상하는데! 롤프, 어서 산을 넘자!"
산타 할아버지가 발걸음을 재촉했어요.
"산을 넘으면 뭐 뾰족한 수가 있나요? 배고파서 산을 넘을 기운도 없어요."
"높은 태백산맥이 바람을 막아 주거든."
롤프는 할 수 없이 산타 할아버지를 따라갔어요.
바람을 타고 풍기는 맛있는 냄새에 침을 꼴깍 삼키면서 말이에요.

피부보다는 몸매가 더 문제인 것 같은데?

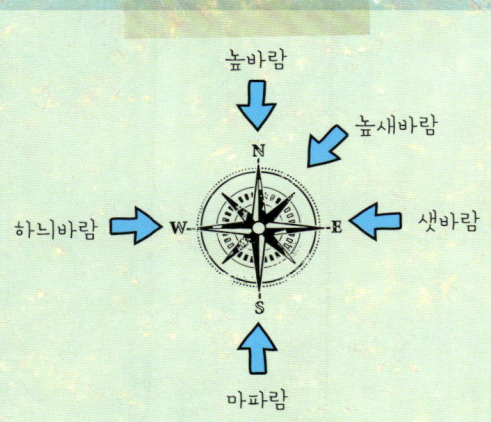

비구름도 높은 산맥을 넘지 못하네요.
산맥 너머에서는 비가 오는데, 이쪽은 건조한 바람이 불고요.

높새바람이 영동 지방에는 비를 내리고 영서 지방에는 건조한 바람을 남기거든.

늦봄에서 초여름까지 높새바람이라 부르는 북동풍이 불어. 높새바람은 동해를 지나면서 습해져 영동 지방에 비를 뿌리고 영서 지방에서는 고온 건조해지지.

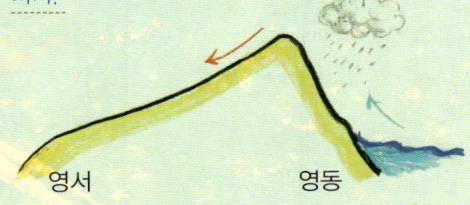

태백산맥 동쪽은 따뜻해요.

영동 지방은 태백산맥이 차가운 바람을 막아 주고, 동해에 난류가 흘러서 영서 지방보다 따뜻해.

태백산맥 위는 평평하네요.
으, 어쩐지 더 추운 것 같아요.

고도가 높아서 그래. 여름에도 서늘하지.

바람도, 구름도 이 산맥을 못 넘잖아요.
우리도 힘든데 영동 지방에 사는 친구들은 그냥 지나가는 게…….

큰일 날 소리!

특산물

"롤프, 좀 천천히 가자!"

"킁킁! 여기저기에서 맛있는 냄새가 나서 정신을 차릴 수가 없어요!"

"강원도는 산과 바다를 모두 끼고 있어서 다양한 특산물을 갖고 있지."

"영서 지방에서는 고소한 감자와 옥수수 냄새가 진동해요. 산에서 밭농사를 지어서 그런가 봐요. 영동 지방은 바다와 관련된 먹을거리가 많고요."

산타 할아버지는 깜짝 놀라 눈이 휘둥그레졌어요.

"롤프, 제법인걸! 지역의 특산물들은 지형과 기후의 영향을 많이 받지."

그러나 롤프는 산타 할아버지의 칭찬이 전혀 귀에 들어오지 않았어요. 무엇부터 먹어야 할지 도저히 결정할 수 없었거든요.

그 코는 먹을 거 찾는 일 말고는 쓸 데가 없니?

우아, 이곳은 배추밭이 끝이 보이지 않을 정도로 넓어요.

고위 평탄면은 경사가 완만하고 여름에도 서늘해서 배추 농사를 많이 짓지.

높은 지대에서 여름철 서늘한 날씨에 맞춰 농사를 짓는 것을 '고랭지 농업'이라고 해.

서늘한 영서 지방은 풀이 잘 자라서 목장이 많아. 너도 저기서 신선한 풀을 먹으면 되겠구나.

무슨 소리예요? 횡성에 왔으면 한우를 먹어야죠!

향긋한 송이 냄새!

해안가에 소나무를 많이 심어 놓은 게 보이지? 바다에서 불어오는 모래바람을 막기 위한 거야. 덕분에 송이버섯도 많아.

강원도 강릉, 속초, 동해는 지형이 평평하고 기후가 따뜻해서 도시로 발전하기 좋은 조건을 갖추었어.

으악, 오징어 먹물!

난류가 흐르는 겨울철 동해에선 오징어가 많이 잡히지.

강원도 산간 지방은 여름에는 서늘하고, 겨울에는 눈이 많이 와서 고랭지 농업과 스키장이 발달했지.

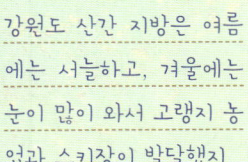

설악산

양양

강릉

횡성

평창

동해

태백

영월, 삼척 지방은 석회석이 풍부하게 매장되어 있어 이를 원료로 한 시멘트 산업이 발달했어. 또한 석회암이 오랜 시간 물에 녹아 생긴 석회 동굴도 큰 볼거리란다.

예전에 태백시 일대에는 탄광 사업이 활발해 아이들이 많았는데……

석탄 사용량이 줄면서 탄광들이 문을 닫아 그런 거죠?

다음은 충청도!

지형

충청도

충청도는 대한민국 중부를 차지하고 있으며, 소백산맥을 경계로 경상도와 닿아 있어.
산지로 둘러싸인 움푹한 분지 지형에 대전을 비롯한 대표적인 도시들이 발달했지.
충청북도는 유일하게 바다와 만나지 않는 지역이라 건조해.
이 때문에 물이 많이 필요한 논농사보다는 밭농사가 많이 이루어지고 있어.

"와, 정말 아름다워요!"
겨울을 나기 위해 서해를 찾은 철새들이
노을로 붉게 물든 하늘을 뒤덮고 있어요.
롤프는 처음 보는 광경에 입을 다물지 못했어요.
"서해의 갯벌을 찾은 철새들이란다.
충청도는, 서해를 품은 충청남도와 바다와 닿지 않는 충청북도로 나뉘지.
차이가 뚜렷한 만큼 정신을 바짝 차려야 해!"

 충청북도에는 큰 강이 흐르고 있네요?

 남한강이란다. 이 강을 따라가면 서울을 만날 수 있지.

충청남도의 태안반도와 그 일대 지역은 모래사장이 잘 발달되어 있어서 여름철 해수욕장으로 이용되지.

우아, 해안선이 엄청 복잡해요.

서해의 특징이지. 툭 튀어나온 곳이 태안반도야.

충청북도는 대한민국에서 유일하게 바다와 닿지 않는 도야.

제천

소백산

단양

한강

충주

월악산

 강원도 남부에 석회암이 많았지? 소백산맥과 태백산맥은 이어져 있어서, 충청북도 북동부에도 석회암이 많아.

 그래서 이곳에도 석회 동굴이 있군요.

세종

속리산

금강

 소백산맥이 충청북도와 경상도를 나누네요.

 맞아, 남한강과 낙동강이 나뉘는 곳이기도 하고.

대전

충청북도 동쪽을 감싸고 있는 소백산맥은 경상도와의 경계가 되지.

대전의 옛날 이름은 '한밭'이야.

너른 들이라는 뜻이죠?

기후

"야호!"
롤프가 썰매를 타고 쌩하니 모래 언덕을 내려왔어요.
"썰매를 끌기만 해 봤지, 타는 건 처음이에요!
그나저나 대한민국에도 사막이 있네요?"
"사막이 아니라 해안 사구야. 바닷가에서 볼 수 있는 특별한 지형이지."
산타 할아버지와 롤프는 몇 번이고 모래 언덕에서 썰매를 탔어요.
설마 대한민국에 온 이유를 까맣게 잊은 건 아니겠지요?

더 세게! 이럇!

서해안은 북서 계절풍이 강하게 불어서 모래 해안이 적은데도 커다란 해안 사구가 만들어질 수 있었어. 바람으로 운반되는 아주 작은 모래들이 쌓여 사구가 생긴단다.

- 모래바람 때문에 눈을 못 뜨겠어요!
- 태안반도는 바닷가로 튀어나와서 바람이 강해. 이 바람이 모래를 싣고 와 해안 사구를 만든 거야.

- 충청북도는 바다와 멀리 떨어져 있어서 그런지 건조하구나.
- 건조하고 으으······. 햇빛도 무척 강렬해요.

육지는 바다에 비해 빨리 더워지고 빨리 식기 때문에 내륙 지방이 해안 지방보다 여름에 더 덥고, 겨울에 더 추워. 충청북도는 내륙 지방이라서 여름과 겨울의 온도 차이가 크고 건조하지.

 내륙 지방은 건조하고 일조량이 많아.

 그래서 여름에는 더 덥고, 겨울에는 더 추운가 봐요.

 해안 사구에 사는 희귀한 동식물들을 잘 보존해야겠지?

특산물

롤프가 지도를 유심히 들여다보며 이야기했어요.
"남한강 자락 넓은 분지에 충주가 있고, 금강 유역 평야에 청주가 있어요.
분지나 강가, 평지에 도시가 발달하는 건 어디나 마찬가지네요."
산타 할아버지의 눈이 휘둥그레졌지요.
"이제 제법인데? 충주와 청주는 충청도의 대표 도시야.
충주와 청주의 앞 글자를 따서 충청도라고 부르는 거니까."
롤프는 지형과 기후가 시계태엽처럼 꼭 맞물리면서
지역의 특징을 만들어 낸다는 것이 놀라웠어요.
마치 지도가 말을 거는 것 같았어요.

100일 동안 먹고 사람이 되거라.

서산은 마늘이 유명한가 봐요.

남한강이 만든 분지에 자연스럽게 도시가 생겼지. 그곳이 바로 충주야.

 대전도 낮은 산지로 둘러싸인 분지네요!

충청도의 건조하고 일조량이 많은 기후 조건은 사과(충주), 포도(영동), 잎담배(영동), 인삼(금산), 고추(청양) 같은 작물을 재배하기 좋아.

 킁킁, 이곳에서도 마늘 냄새가 나요.

 단양은 석회암 지대라 물이 땅속으로 잘 스며들거든. 그래서 밭작물을 많이 재배하는데, 그중에서도 마늘이 유명해.

 태안반도는 모래가 많다고 했지? 모래밭은 물이 잘 빠져서 밭농사가 잘 된단다. 서산의 육쪽마늘을 으뜸으로 치지.

소백산

단양

한강

월악산

충주

석회암이 많이 매장된 단양 지역은 시멘트 공업이 발달했어. 또한, 오랜 시간 지하수가 석회암을 녹여 거대한 석회 동굴인 고수 동굴도 만들어졌지.

청주

속리산

세종

금강

대전

영동

 대전은 교통이 발달하면서 큰 도시가 되었지.

 전라도와 경상도로 갈 수 있는 좋은 위치라서 그런가 봐요.

 서천군 한산은 여름에 습한 바람이 불어와 덥거든. 그래서 옛날부터 바람이 잘 통하는 모시옷을 만들어 입었지.

 아! 한산 모시! 조상들의 지혜네요.

 이제는 척하면 척이로구나!

경상도

태백산맥의 남쪽에 있어서 '영남 지방'이라고도 해.
태백산맥과 소백산맥으로 둘러싸여 있지.
경상도는 산지가 많지만, 바다와 낙동강이 만나는 곳에 김해평야가 넓게 펼쳐져 있어.
대구, 울산, 부산 같은 큰 도시가 있고, 울릉도와 독도도 이 지역에 속한단다.

산타 할아버지가 가방을 뒤적거렸어요.
"롤프야, 나 어떻노?"
롤프는 산타 할아버지를 보고는 깜짝 놀라 뒤로 벌러덩 자빠지고 말았어요.
"으악! 얼굴에 쓴 건 뭐예요? 말투는 또 왜 그렇고요?"
"경상북도 안동에서 전해 내려오는 하회탈이야.
경상도 사람들은 이런 사투리를 쓰더라고. 껄껄!"
롤프는 자기도 경상도 사투리를 연습해야겠다고 생각했어요.

기후

롤프가 썰매를 털썩 내려놓으며 화를 냈어요.
"할아버지 살 좀 빼요! 안 그래도 더운데, 할아버지 때문에 더 힘들잖아요!"
산타 할아버지의 얼굴이 붉으락푸르락해졌어요.
"왜 내 탓을 하고 그래? 대구는 분지 지형이라 덥기로 소문난 곳이라고!
그리고 난 뚱뚱하다는 소리는 못 참아!"
롤프도 지지 않았어요.
"마법의 가방이 있으면 뭐해요? 뚱뚱해서 어울리는 옷도 없는데."
"네 코는 먹을 거 찾을 때 빼고는 쓸모도 없으면서!"
둘은 과연 이번 여행을 무사히 끝낼 수 있을까요?

그냥 나 혼자 갈 거야!

흥!

특산물

> 윽, 배고파. 롤프가 있었다면 뭐라도 먹었을 텐데.

"오이소! 사이소!"
자갈치 시장은 활기가 넘쳤어요.
롤프는 싱싱한 생선들에서 눈을 떼지 못했지요.
"부산은 동해와 남해에 접해 있어서 싱싱한 해산물이 풍부하구나.
그래서 자갈치 시장 같은 큰 수산물 시장이 생겼나 보다."
롤프는 혼자 다니는 게 어색하고 불안해 크게 중얼거렸어요.
시장은 신선한 먹을거리들로 가득했지만
롤프는 어쩐 일인지 좀체 먹고 싶은 마음이 들지 않았습니다.

롤프!

 소백산맥 산기슭에서 인삼이 잘 자라네? 산타 할아버지 가져다 드릴까?

 킁킁, 달콤한 곶감 냄새! 내륙은 과일 키우기 좋다지?

내륙 지방은 강수량이 적고 온도 차이가 커서 과일 농사에 적격이지. 그래서 상주 곶감과 대구의 사과가 유명하단다.

 내륙 지방은 겨울에 춥고 여름엔 더워서 안동에서는 시원한 '삼베'로 옷을 만들어 입었나 보다.

 물고기를 빨래처럼 널어놓았네? 아! 포항의 바닷바람에 꼬들꼬들 말린 과메기구나.

 여기가 해인사구나. 이곳에 팔만대장경 경판이 보관되어 있다지?

 해안선이 복잡한 남쪽은 바닷물이 잔잔하고 깨끗해 전복, 소라, 조개 등이 풍부해. 통영의 나전 칠기는 이런 어패류의 껍데기를 이용해 만든 공예품으로 독특한 아름다움을 자랑하지.

 합천은 산지가 많아서 서늘하고, 내륙이라 건조해서 경판을 보관하기 좋지.

 할아버지! 언제 스님이 되셨어요?

 이 인삼이 몸에 좋대요.
 우리 롤프밖에 없어!

지형·기후

울릉도

경상북도에 속해 있는 섬이야. 깊은 바다에서 용암이 분출해 만들어진 화산섬이지.
대한민국에서 눈이 가장 많이 오는 곳이기도 해.

"이젠 기후와 특산물의 관계를 잘 아는구나."
산타 할아버지가 빙그레 웃으며 말했어요.
롤프도 할아버지의 칭찬에 어깨가 으쓱해졌답니다.
"자, 그럼 이번에 갈 곳은 전라……."
그때였어요. 롤프의 뿔에서 이상한 기운이 돌았어요.
"잠깐만요! 북동쪽 동해 바다 한가운데 크리스마스를 기다리는 아이들이 있어요."
"오호, 롤프의 뿔을 믿고 한번 가 볼까?"
이렇게 둘은 울릉도에 썰매를 멈추게 되었습니다.

울릉도는 겨울에 눈이 많이 온대.

이걸 신으면 미끄러지지 않겠어요.

지형

전라도

소백산맥 서쪽에 있는 전라도는 전라북도와 전라남도로 나뉘지.
한반도 남쪽에 위치해 비교적 따뜻해. 넓게 펼쳐진 평야가 있어서 옛날부터 곡식이 많이 생산되었어.
서해와 남해로 둘러싸여 있는데, 해안선이 무척 복잡하고 섬이 많아.

"끝이 보이지 않도록 논이 펼쳐져 있네요."
"김제 평야는 산이 많은 대한민국에서 유일하게 지평선을 볼 수 있는 곳이란다."
너른 들판을 바라보고 있자니 마음까지 평화로워지는 듯했어요.
"산타 마을에서는 이렇게 푸른 들판을 본 적이 없어요."
롤프는 대한민국이 보면 볼수록 참 아름다운 곳이라고 생각했답니다.

넓은 평야에서 나는 맛있는 음식!

와, 어서 가요!

세상에! 바다가 갈라져 길이 나타났어요!

껄껄! 썰물 때 바닷물이 빠지면서 길이 나타나는 거야.

기후

"후두둑 후두둑."
하루 종일 비가 내려서 산타 할아버지와 롤프는 꼼짝도 할 수 없었어요.
롤프는 지루한 듯 하품을 하며 할아버지에게 물었어요.
"가방 안에 우비는 없어요? 우리 어디든 가 보는 게 어때요?"
"싫어. 비 오면 옷이 젖잖아."
산타 할아버지가 단호히 거절했지만 롤프는 자리에서 벌떡 일어났어요.
"남해안은 워낙 비가 많이 오는 곳이에요.
금방 멈출 것 같지 않으니 혼자라도 가겠어요."
산타 할아버지도 할 수 없다는 듯 떠날 채비를 했습니다.

특산물

"우아, 도대체 반찬이 몇 가지인 거예요?"

롤프는 눈이 빙글빙글 돌고 콧구멍이 벌렁거려 정신을 차릴 수가 없었어요.

"전라도는 바다와 산, 평야를 모두 품고 있어서 먹을거리가 무척 다양해. 거기에 인심까지 더해져 전라도 밥상은 상다리가 부러질 정도로 푸짐하단다."

롤프는 먹지 않아도 배부른 기분을 처음 느꼈답니다.

매일 이런 식사를 한다면 소원이 없을 텐데 말이에요.

 고창에서는 산기슭에서 복분자를 많이 키운단다.

염전이 잘 발달된 지역에서는 자연히 소금과 해산물을 이용한 젓갈도 발달했어. 곰소 지역의 젓갈은 부안의 대표적인 특산물이야.

마무리는 맑고 깨끗한 녹차로!

마무리는 걸쭉하고 시원한 트림으로!

꺼어억

지형

제주도

제주도는 화산 활동으로 만들어진 섬이야.
섬 가운데에 한라산이 우뚝 솟아 있고, 곳곳에 '오름'이라고 불리는 작은 화산들이 있지.
육지와 멀리 떨어져 있어 제주도만의 독특한 문화와 말투가 발달했어.
아름다운 경치와 따뜻한 날씨 덕택에 세계적인 관광지로 발돋움하고 있단다.

제주도에는 발 닿는 곳마다 구멍이 숭숭 뚫린 검은색 돌이 있었어요.
"돌이 특이하게 생겼어요."
"현무암이야. 제주도는 화산 활동으로 만들어진 섬이거든.
용암이 굳어 만들어진 돌이라 그런 모양이지."
제주도는 그동안 다녀 본 어느 곳과도 분위기가 사뭇 달랐어요.
따뜻한 공기도, 독특한 마을 분위기도 모두 낯설었지만,
롤프는 설레는 마음으로 힘차게 발걸음을 옮겼습니다.

혼저 옵서예!
'어서 오세요'라는 뜻이래.

그 옷은 좀 민망한데요?

섬 가운데 우뚝 솟은 산이 한라산이죠?

 제주도는 한라산이 완만하게 퍼지는 모양이지.

 섬 곳곳에 올록볼록 솟은 곳에서 에너지가 느껴져요.

 '오름'이라고 불리는 측화산이야. 한라산은 화산 활동을 잠시 쉬고 있단다.

한라산은 남한에서 제일 높은 산이야. 높이에 따라 약 1800여 종의 다양한 식물이 자라는 천연 식물원이란다.

큰 화산 폭발이 있었던 한라산 주변에는 소규모 폭발을 일으킨 작은 봉우리들이 많아. '오름'이라고 하는 이 측화산들은 제주도 곳곳에 약 400개 정도가 있어.

제주

우도

성산일출봉

한라산

서귀포

 현무암은 물이 잘 고이지 않아. 빗물이 땅속으로 스며들어 지하수가 되지.

 그래서 제주도에는 하천이 발달하지 않았군요.

 그렇지. 이 지하수는 땅속을 흘러 해안가에서 퐁퐁 솟아 나오는데, 그걸 '용천'이라고 해.

 사람들은 물을 얻기 위해 용천 근처에 모여 살기 시작했을 거예요. 그곳에 마을이 만들어졌겠네요.

제주도는 세 가지가 많다고 해서 '삼다도(三多島)'라고 불려. 그 세 가지는 바로 돌, 바람, 여자야. 화산 활동으로 인해 돌이 많고, 섬이기 때문에 바람이 많이 불며, 뱃일을 하던 남자들이 목숨을 잃는 경우가 많아 상대적으로 여자가 많았기 때문이지. 지금은 남자 수가 조금 더 많다고 해.

기후

롤프와 산타 할아버지의 낯빛이 창백해졌어요.
"속이 울렁거리는 게…… 우욱!"
"이 엄청난 바람은 어떻고요."
제주도의 거센 바람에 썰매가 이리저리 출렁거려
롤프도, 산타 할아버지도 몹시 고생을 한 모양이에요.
"차멀미, 뱃멀미는 해 봤어도 썰매 멀미는 난생처음이구나."
둘은 퀭한 눈으로 주저앉았어요.
그러나 바다에서 불어오는 상쾌한 바람에 금방 기운을 차렸답니다.

공기 좋다!

휘이잉

정말이에요!

한라산이 섬 가운데 높이 솟아 있어서 제주 날씨에 많은 영향을 주겠네요.

 네 말대로 한라산을 중심으로 남과 북의 기후 차이가 크지.

제주도는 섬이기 때문에 바다에서 습한 바람이 불어오고, 그 바람은 중간에 높게 우뚝 서 있는 한라산과 부딪혀 구름을 만들지. 그래서 일 년 동안 한라산 전체를 깨끗하게 볼 수 있는 날은 한 달도 채 안된다고 해.

겨울철 북서 계절풍이 바로 불어 닥치는 제주 북쪽에도 충청도 편에서 이야기했던 해안 사구가 있어. 김녕의 해안 사구가 대표적이지.

 만약 겨울에 북쪽에서 차가운 바람이 불면요?

 아무래도 제주도 북쪽이 더 춥겠지?

우도

제주

서귀포

 여름에는 남서쪽에서 바람이 불어오네요.

 바다에서 불어오는 습한 바람이라 제주도 남쪽에 비를 많이 뿌리지.

 한라산이 바람을 막아 주니 남쪽은 훨씬 따뜻하고요!

 그렇지!

특산물

롤프는 눈앞의 광경을 보고 입을 다물지 못했어요.
화장실에 돼지들이 옹기종기 살고 있었거든요.
그것도 똥을 먹으면서 말이에요.
"제주도는 물이 귀해서 농사가 어려웠어.
가축들에게 먹일 먹이가 부족해 돼지에게 똥을 먹이기 시작한 거야.
이래봬도 제주도 똥 돼지가 얼마나 유명하다고!"
롤프는 산타 할아버지의 설명을 듣고 그제야 이해할 수 있었어요.
지형과 기후에 따라 다양한 문화가 있다는 사실을 다시금 깨달았지요.

……

도대체 어디 가신 거지?

산타 할아버지와 롤프는 대한민국을 다 둘러보았어요.

"산타 마을에도 감귤이 있었으면 좋겠어요. 쩝쩝."

롤프는 입 안 가득 감귤을 욱여넣으며 말했어요.

썰매에는 벌써 감귤과 한라봉이 한가득이었지요.

"사계절이 뚜렷한 대한민국은 올 때마다 늘 다른 모습이지. 꼭 다시 오자꾸나."

둘은 산타 마을로 돌아가기가 못내 아쉬웠습니다.

그때 산타 할아버지의 휴대 전화가 울렸어요.

"응? 산달프에게서 문자가 왔네?"

문자를 본 산타 할아버지의 표정이 환해졌습니다.

할아버지는 롤프에게 눈을 찡긋하며 말했습니다.

"롤프, 세계 여행할 준비 됐니?"